Nathaly Ianniello

PETIT ABÉCÉDAIRE DES ÉCOGESTES POUR PROTÉGER NOS OCÉANS

Consommation responsable
Pêche de loisir • Activités nautiques

VAGNON

SOMMAIRE

INTRODUCTION

La plage symbolise pour la plupart des personnes les vacances estivales, le bronzage, le repos et le sport. La mer représente une aire de liberté. La nature pourrait réclamer des droits, car sur le littoral elle concentre une biodiversité exceptionnelle et vitale pour la planète. Avec les algues et la faune elle recèle même les clés de notre survie en ces temps de changement climatique. Afin que nos loisirs n'entravent pas la vie des océans et son rôle sur la Terre, une prise de conscience de la manière dont nous en profitons se révèle élémentaire.

W R E N D F V I J K T A L S Y P M C H U X B O Q Ż G

À LA PLAGE

Produits solaires sans microbilles

Veillez à acheter des produits solaires sans microbilles plastiques ! Ces particules invisibles, d'une taille comprise entre 0,1 et 0,02 mm, sont constituées de plastique produit en quantité importante, d'une qualité bon marché, le polystyrène (PS) ou le polypropylène (PP). Du fait de leur taille, quel que soit l'océan, elles se retrouvent partout : le plancton, le ventre des poissons et à l'intérieur des huîtres ou moules. Seule la nanofiltration permet de les récupérer, mais il n'existe pas encore de filière de recyclage. Ces microbilles sont contenues dans des produits utilisés pour les soins présoleil, en particulier les gommages exfoliants ou les produits pour la douche dont trop de personnes abusent pour nettoyer les résidus de crème solaire et de sable. En France, leur usage est interdit depuis 2018, mais certains magasins écoulent encore leurs anciens stocks.

Idée recette

Si vous devez vous préparer la peau avant de bronzer, fabriquez des gommages organiques à base d'huile d'olive ou d'huile de coco (en bouteille et pot en verre) dans laquelle vous mélangez du marc de café, de la spiruline, des algues séchées au soleil et broyées dans un bol mixeur, des flocons d'avoine écrasés, ou du sel fin de mer non traité (le mieux du gros sel gris des îles atlantiques

vendu réduit en sel fin). Versez un volume d'huile pour deux volumes d'ingrédient sec dans un bol afin d'obtenir une pâte exfoliante.
Le gant de type loofah ou en crin reste un basique efficace.

Mégots de cigarette

Les filtres de cigarette comportent du plastique. En France, depuis trois décennies il est demandé aux fumeurs de ne pas jeter les mégots à terre, mais seule une minorité se comporte correctement. Les mégots se retrouvent en quantité dans les océans pour diverses raisons :

- abandonnés sur la plage, ils ne se biodégradent pas du tout et partent vers la mer ;
- présents dans les caniveaux en bord de littoral, ils terminent parfois dans les eaux rejetées en mer par des canalisations, car le tout-à-l'égout n'existe pas encore dans toutes nos régions ;
- durant les fortes pluies, la montée du niveau d'eau de certains lits de ruisseaux en bord de littoral entraîne des déchets solides, dont les mégots, qui s'échouent sur les plages. Ces déchets ont un autre inconvénient majeur : ils sont souvent avalés par les oiseaux de mer qui les confondent avec des proies.

Pour éviter cette pollution, rangez vos mégots dans le paquet d'origine ou dans un cendrier portable, de nombreuses villes balnéaires en distribuent lors de la haute saison estivale. Utilisez également les poubelles publiques, en veillant à bien éteindre votre mégot au préalable.

Dire non aux emballages de pique-nique jetables

Pour votre pique-nique, bannissez les emballages jetables, qu'ils soient en plastique, en aluminium ou tout autre emballage alimentaire. Ceci, pour deux raisons principales : afin d'économiser des matériaux et parce les poubelles n'existent pas sur les plages sauvages et que vous devrez remporter vos déchets.

- Préparez votre repas dans des boîtes réutilisables et lavables.
- Les couvercles doivent répondre aux mêmes critères, à moins que vous n'utilisiez des tissus enduits de cire et qui remplacent le film étirable.
- Rangez les sandwichs dans des sacs en papier ou dans des torchons bien serrés.
- Côté ustensiles et couverts, optez pour le réutilisable également : bambou, inox, carton non traité.
- Versez les boissons dans des gourdes isothermes ou pas selon la saison. Prévoyez des pailles en carton, en métal, en bambou ou en paille de seigle pour les enfants ou votre apéritif préféré.
- Pour le thé et le café, des petites tasses mettent en valeur les grands crus !
- Utilisez des boîtes d'œufs dans les paniers pour caler les récipients et ingrédients entre eux.

Sur le sable ou la grève, vous ne devez rien laisser derrière vous. Même si vous pensez qu'un mouchoir finira par se désintégrer sous l'assaut de la nature !

Si vous devez vraiment jeter des déchets du repas, organiques ou pas, et que vous constatez que la poubelle publique du bord de plage est déjà pleine, remportez-les chez vous. Ne suivez pas l'exemple de certaines personnes qui se débarrassent de leurs sacs remplis au pied de la poubelle. Il est fort probable que les oiseaux marins, à l'instar des chiens et chats errants, les auront éventrés avant que les services municipaux les aient ramassés. Sans parler du vent qui peut aussi les disperser. N'hésitez pas à signaler à la mairie un problème concernant des déchets. Si vous découvrez un amas de poubelles entassées, telle une microdécharge sauvage en devenir, contactez la fondation européenne Surfrider qui fait ensuite pression sur les communes concernées.

https://surfrider.eu

S'hydrater régulièrement (la peau, le gosier)

Buvez régulièrement en utilisant des gourdes. Si vous êtes dans le Pays basque, retrouvez les habitudes des bergers qui utilisent une sorte d'outre gardant l'eau fraîche, relancez-en la mode ! Si vous avez besoin de vous asperger de l'eau sur le visage, achetez un brumisateur ou un vaporisateur rechargeable. Remplissez-le, et si le modèle n'est pas isotherme ajoutez quelques glaçons afin que l'eau reste fraîche.

DOUCHE SUR LA PLAGE

Certaines plages publiques et la plupart des plages privées proposent des douches pour se rincer. Veillez à ne les utiliser rapidement que dans ce but. N'utilisez jamais de produit de soin sous la douche, car l'eau ruisselle directement dans le sable qui abrite une faune minuscule. Ne laissez pas les enfants jouer sous l'eau et la gâcher au prétexte de former une pataugeoire.
Lors des derniers étés caniculaires – qui risquent de devenir la règle avec les changements climatiques –, plusieurs plages publiques ont fermé l'arrivée d'eau. Une décision au cas par cas, d'autant plus pertinente que ces douches se trouvent pour la grande majorité sur la façade méditerranéenne où la sécheresse est rude. Ces douches devraient ainsi disparaître petit à petit.

CHAR À VOILE

Cette discipline sportive et de loisir est née en France au début du XXe siècle ! La Fédération française de char à voile (FFCV) existe depuis 1964 et l'activité attire de plus en plus d'adeptes qui conduisent ce véhicule, le plus rapide sur terre sans moteur. En apparence, le char à voile a tout pour plaire aux écologistes. Les chars – que ce soit le Classe 2, le plus grand gréé d'une voile pouvant mesurer 11,3 m², le Mini4, monotype fédéral solide doté de petites roues et d'une voile de 4,65 m² pour l'initiation des adolescents ou le *speedail*, une sorte de planche à voile sur roues – avancent grâce au vent, énergie renouvelable, et ne polluent pas.

Toutefois, les pilotes et les clubs doivent bien connaître les plages afin de ne pas impacter le terrain de course. Pour cela, pratiquez dans un centre de char à voile labellisé par la FFCV qui assure que les espaces naturels sont protégés.

⇨ **www.ffcv.org (Rubriques « Clubs et structures », « Les labels de la FFCV »)**

Piste naturelle et protection des espèces

Le char à voile se pratique sur des plages à marée basse sur sable dur, mouillé, fin et dense.

Les espèces les plus menacées par le char à voile sont les oiseaux. Un pilote respectueux ne s'aventurera pas à effaroucher des groupes d'oiseaux, en particulier les

limicoles qui ont besoin d'avoir les pattes dans l'eau et pêchent en permanence avec leur bec. En période de reproduction, le char ne doit pas s'approcher des oiseaux marins afin qu'ils soient au calme. Il faut également s'assurer qu'il n'y a pas d'oiseaux nicheurs comme la mouette rieuse ou le goéland argenté, en bordure de plage sur l'espace supralittoral. Certains clubs participent à des comptages de nids avec l'aide d'associations ornithologiques locales. Renseignez-vous.
Les pistes de roulage bien conçues évitent les zones soumises à des restrictions dans le cadre d'une action de protection de la faune et de la flore. De manière générale, il faut se tenir loin des dunes et des frontières naturelles comme la laisse de mer qui fixent naturellement la plage et évitent son érosion : chardon, oyat, criste marine et autres plantes du littoral jouent un rôle clé dans le paysage.

Impact du tracteur sur la plage

Très souvent, les clubs tirent sur la plage à l'aide d'un tracteur des « trains » de chars à voile accrochés les uns aux autres. Ces « trains » doivent obligatoirement passer par les chemins balisés traversant les dunes ou autres espaces naturels, souvent entre des ganivelles (piquets en bois typiques des espaces protégés) ou autres clôtures. Sur des chemins sauvages, l'impact répété de ces multiples roues serait redoutable. D'autant qu'il n'y a pas de saison pour ce sport et que la nature ne peut donc pas se reposer en hiver.

CHASSE SOUS-MARINE

Les conseils donnés aux plongeurs (voir « Plongée sous-marine » page 55) doivent ici être complétés pour les pêcheurs.
Pour tout prélèvement d'organismes vivants animal ou végétal, la volonté de préservation doit vous guider.
Ne pêchez que ce que vous êtes certain de consommer.
Vous devez également connaître les tailles des animaux que vous cherchez et ne pas piller une zone.
Les règles locales sont à connaître. Il existe des secteurs et des périodes où l'exercice de la pêche sous-marine est interdit ou soumis à certaines restrictions. Ces dernières sont établies afin d'assurer la reproduction des animaux ou la préservation de leur biotope. Il est recommandé, lorsque vous devez rejeter un juvénile, de le faire sur le lieu de prise.
Chaque organisme jouant un rôle, c'est l'ensemble de l'équilibre qui motive les interdictions. Ne pêchez donc pas dans les prairies et zostères, nurseries sous-marines naturelles.
Ainsi, il est proscrit d'utiliser une bouteille d'air ou un scaphandre permettant de respirer en plongée, d'employer des engins de pêche dont la force propulsive des projectiles utilise un élément détonant, d'utiliser une lampe pour attirer ou rechercher le poisson, de pratiquer entre le coucher et le lever du soleil.

Règles à respecter pour la chasse sous-marine en France

ESPÈCE	RÈGLE
Araignée de mer	• Pêche à la main, sans « outil » • Quota de 6 par jour par personne • Taille minimale : 12 cm • Incitation des associations de protection de la mer à mieux cadrer la pêche des araignées de mer
Bar	• Depuis 2018, pas plus d'un bar par jour en chasse sous-marine • Taille minimale : 42 cm
Datte de mer (moule brune pouvant mesurer 12 cm)	Pêche sous-marine interdite sur les côtes méditerranéennes
Grande cigale de mer	Pêche sous-marine interdite sur les côtes méditerranéennes
Grande patelle	Pêche sous-marine interdite sur les côtes méditerranéennes
Grande nacre	Pêche sous-marine interdite sur les côtes méditerranéennes
Homard	• Taille minimale : 8,7 cm entre les yeux et le bas du thorax • Longueur totale : 30 cm
Jambonneau rude (moule épineuse)	Pêche sous-marine interdite sur les côtes méditerranéennes
Langouste	• Taille minimale : 9 cm en Méditerranée entre les yeux et le bas du thorax • Longueur totale : 30 cm
Langouste rouge	• Taille minimale : 11 cm en Atlantique entre les yeux et le bas du thorax • Longueur totale : 30 cm

ESPÈCE	RÈGLE
Mérou	Pêche sous-marine interdite sur les côtes méditerranéennes
Ormeau	Pêche interdite
Oursin	Pêche interdite
Oursin diadème	Pêche sous-marine interdite sur les côtes méditerranéennes
Poulpe	Poids minimal : 750 g
Tourteaux	Taille minimale : 13 cm sur la largeur de la carapace

La Fédération nautique de pêche sportive en apnée a édité un tableau des tailles et des poids spécifiques à la Méditerranée. Une cinquantaine de poissons y sont répertoriés avec la taille minimale autorisée de capture mais aussi la taille de la maturité sexuelle et celle préconisée par la fédération afin de mieux impliquer les pêcheurs en apnée dans la préservation du milieu.

⇨ **http://fnpsa.net (Rubriques « Environnement », « Les mailles biologiques »)**

⇨ **Renseignez-vous auprès de la Direction départementale des Affaires maritimes la plus proche. Pour limiter aussi les risques de pêche excessive, les pêcheurs doivent avoir au minimum 16 ans et avoir souscrit une assurance en responsabilité civile y compris en mer.**

CHÂTEAU DE SABLE

Interdiction de prélever le sable

La règle est stricte : vous n'avez le droit, sous aucun prétexte, de prendre du sable sur la plage, quel que soit l'endroit. Ni tout en haut, ni sur les dunes, ni en infralittoral, ni pour le fond d'un aquarium, ni pour niveler une allée, ni pour remplir le bac à sable d'un enfant ! D'autant plus que l'érosion devient un problème environnemental majeur sur nos côtes.

Outils en bioplastique

Pour faire un château de sable, pelles, seaux et moules classiques restent les meilleurs alliés des enfants et de leurs parents qui les aident. Si ces ustensiles de plage sont en plastique, faites attention de ne pas les éparpiller et les laisser sur le sable quand la marée remonte. Ils viendraient grossir le volume de déchets plastique en mer. Soyez civique en achetant écologiquement correct : Une société bretonne fabrique des seaux et des accessoires en bioplastique français fabriqués à 100 % à partir d'algue. Renseignez-vous.

Recycler pour décorer

Pour la décoration des constructions en sable, justement, organisez une chasse au trésor spéciale : ramassez les déchets plastiques (bouchons, filets, lignes de pêche, boutes en nylon, morceaux d'emballage...). Fichez-les sur votre chef-d'œuvre en grains de sable et avant qu'il ne soit détruit par les vagues, récupérez tous ces trophées pour les placer dans un conteneur de recyclage. Une bonne manière de s'amuser en nettoyant les plages !

QU'EST-CE QUE LE SABLE ?

Les grains de sable sont le plus souvent issus du granite dont le nom latin *granuum* signifie grain. En effet, les roches les plus abondantes sur les continents sont de composition granitique. On distingue dans les granites trois sortes de minéraux : le quartz qui donne des grains informes grisâtres avec un éclat vitreux, le feldspath qui produit des minéraux plus grands, souvent rectangulaires blancs ou roses ou encore un mica noir qui génère de petites paillettes brillantes. Le granite supporte assez mal l'effet du gel et de la pluie. Le feldspath et le mica se dissolvent doucement, tandis que les grains de quartz restent insolubles. Ces grains de quartz de dimensions généralement comprises entre 2 à 8 mm, emportés par l'eau des torrents, vont former les sables des rivières, des fleuves et des océans. Ce minéral est formé de silicium et d'oxygène (SO_2).
Ces grains de sable roulés et usés par les torrents et par les vagues peuvent se mélanger avec des débris de coquillages. Dans les îles volcaniques, le sable peut aussi être constitué des minéraux issus des laves basaltiques.
On parle de sable quand les grains se mesurent en millimètres et de graviers lorsque leurs dimensions sont de l'ordre du centimètre.

CONSOMMER DU POISSON

Le bord de mer suscite l'envie de manger du poisson ! Comment, en France, le choisir chez le poissonnier ou dans les ports sans ajouter de pression sur les ressources halieutiques ? Pour lutter contre la surpêche les militants de l'association Sea Shepherd incitent à l'arrêt de la consommation des poissons, mollusques, céphalopodes et coquillages. Sans être aussi radical, vous pouvez surtout sélectionner le poisson en fonction de la saison et de sa précarité, de la manière dont il est pêché et par qui...

Quelques règles pour bien acheter

Sur l'étal, l'indication du type et de la zone de pêche sont obligatoires. Mais les catégories Pacifique Sud ou Atlantique Nord-Est sont trop immenses pour faire un choix pertinent. Une espèce peut être surpêchée dans des zones plus restreintes. N'hésitez pas à demander les informations sur l'espèce, l'engin de pêche et la zone de capture afin de faire le bon choix. Par exemple, l'anchois venant du golfe de Gascogne est moins en danger que celui de Méditerranée.

Préférez la pêche française, non par simple chauvinisme ou nationalisme, mais parce que les pêcheurs français dans leur ensemble font des efforts pour respecter quotas et règles d'écoresponsabilité, contrairement aux grosses flottes de Chine, du Pérou ou même d'Espagne, de Grande-Bretagne ou de Norvège. Sur les 35 kg de poisson consommés par an par les Français, 24 kg sont importés. Privilégiez ensuite les poissons bien pêchés. La pêche à

la ligne, au casier (par exemple pour le homard) ou au pot (par exemple pour les poulpes) étant les plus écologiques. Bannissez expressément le chalut dont l'impact sur les fonds marins et les prises accessoires non recherchées par le pêcheur est terrible.
Vous pouvez ainsi vous orienter dans les criées vers les plus petits bateaux (moins de 12 m). L'association WWF (World Wildlife Fund) incite les consommateurs à se tourner vers de produits certifiés MSC (Marine Stewardship Council) et ASC (Aquaculture Stewardship Council).
Ces labels possèdent les cahiers des charges les plus crédibles, prouvant que les produits sont issus de la pêche et de l'aquaculture responsables.

Quels poissons et quand ?

POISSONS À ÉVITER CAR LEURS STOCKS NE SONT PLUS VIABLES	• Cabillaud (et morue) • Merlu • Bar • Dorade • Raie • Églefin (et donc le haddock) • Maquereau • Lotte de Méditerranée • Lieu noir de mer du Nord • Crevettes tropicales

POISSONS PERMETTANT DE DIVERSIFIER LES PRISES	• Mulet, alternative parfaite au bar • Chinchard de ligne qui laisse respirer le maquereau • Deux espèces de poisson lapin (sigan sombre et cordonnier blanc), poisson subtropical arrivé en Méditerranée par le canal de Suez à la faveur des changements climatiques, abondant et dont les ventes commencent
POISSONS SUPPORTANT LA PÊCHE HORS DES PÉRIODES DE REPRODUCTION	• Lieu jaune, excepté de février à mai • Limande, excepté d'avril à juin • Mulet, excepté de février à avril • Plie, excepté de décembre à mars • Rouget grondin, excepté d'avril à août • Roussette, excepté de janvier et juillet • Sardines, excepté de décembre à février. Et pour celles en conserve un label MSC limite l'industrialisation de la pêche sur le globe • Sole, excepté de février à avril • Turbot, excepté de mai à juillet • Thon rouge, excepté en juin

⇨ Le guide WWF sur les produits de la mer :
www.consoguidepoisson.fr

⇨ Poissons, guide consommation responsable :
www.greenpeace.fr/poissons-guide-de-consommation-responsable/

CUEILLETTE DES PLANTES MARITIMES COMESTIBLES

Criste marine, fenouil sauvage, roquette de la mer, nombril de Vénus, salicorne, arroche, obione... toutes ces plantes qui viennent s'enraciner dans les assiettes à la mode de la bistronomie moderne poussent tout au long des chemins du littoral, des prairies, des marais salants de l'Atlantique ou leur équivalent en Méditerranée, les sansouïres.

Plantes à protéger

Parmi les plantes que vous connaissez, certaines vous apparaissent communes et banales mais souffrent d'être arrachées à longueur de temps.
La plus connue est le **romarin**, en latin *Rosmarinus officinalis*, qui supporte donc la rosée marine ou les embruns. Dans le Sud-Est, il devient rare.
D'autres sont moins connues et arrivent à survivre grâce à des stratégies naturelles. C'est le cas de la **bette maritime** dont la graine possède comme une vésicule gonflée lui permettant de flotter et de s'enraciner le long de la côte.
Les plantes que vous trouverez sont fragiles car elles résistent à des conditions météorologiques extrêmes toute l'année, subissant le vent et le sel, et parfois l'eau de mer lorsque les marnages sont importants. Elles jouent un rôle écologique majeur en fixant les sols souvent meubles des bords de mer. Ainsi, la règle selon laquelle on ne cueille que ce que l'on consomme résonne à nouveau pertinemment.

Coupez-les soigneusement avec un couteau propre sans jamais arracher la racine.

Saison de cueillette et parties comestibles

À chaque partie comestible de la plante, il existe une saison de prédilection.

SAISON	PARTIE COMESTIBLE	PLANTE
Printemps-début d'été	Bouton	Câpre *(Capparis spinosa)*
		Brocoli sauvage (*Cardaria draba*)
	Pétale	Calendula (*Calendula arvensis*)
		Bourrache (*Borrago officinalis*)
		Mauve (*Malva sylvestris*)
		Roquette (*Eruca vesicaria*)
	Fruit	Cakilier (*Cakile maritima)*
		Câpron (fruit du câprier)
		Fausse roquette (*Diplotaxis erucoides*)
	Jeune pousse	Porcelle enracinée (*Hypochaeris radicata*)
		Rumex (*Rumex crispus*)
	Feuille	Bourrache (*Borrago officinalis*)
		Arroche maritime (*Atriplex halimus*)
		Aster maritime (*Tripolium pannonicum*)

SAISON	PARTIE COMESTIBLE	PLANTE
Automne-hiver		Criste marine (*Crithmum maritimum*) Plantain corne-de-cerf (*Plantago coronopus*) Nombril de Vénus (*Umbilicus rupestris*)
Toute l'année	Plante entière (racine, jeune pousse, pétiole, feuille et inflorescence)	Maceron (*Smyrnium olusatrum*)
	De la racine au fruit	Mauve (*Malva sylvestris*)

Envahisseuses à la casserole

Certaines plantes qui envahissent le littoral, affaiblissant des concurrentes locales et parfois même endémiques, présentent un intérêt gustatif et méritent d'être consommées sans modération. Par exemple :

- les feuilles du **chénopode blanc** (*Chenopodium album*), arbuste devenu commun partout en France ;
- celles charnues, croquantes et triangulaires des **griffes de sorcière** (*Carpobrotus edulis*), une succulente venue d'Afrique du Sud ; les fruits jaunes de ces dernières ressemblant à des petites figues se mangent crus ou cuits en confiture.

À déguster à dose homéopathique !

En revanche, soyez bienveillant avec le **cakilier maritime** (*Cakile maritima*) devenu rare du fait de ses nombreux bienfaits en calcium, fer, vitamine C et vertus diurétique, purgative, antiseptique. Il soignait aussi le scorbut.

Sa saveur piquante donnant vite du goût, récoltez seulement quelques feuilles afin de ne plus le mettre en danger. D'autant plus que sa racine pivotante pouvant mesurer 1 m de long fixe les dunes et freine l'érosion. De même, vérifiez les autorisations de cueillette de la **criste marine** (*Crithmum maritime*) et de la **salicorne** (*Salicornia* ssp.) auprès des préfectures des régions littorales. Par exemple, depuis 2017, un arrêté préfectoral limite en Bretagne leur cueillette quotidienne au volume équivalent à ce qu'une poignée d'homme peut contenir.

Territoires protégés : le puzzle géographique français

Selon l'Union internationale pour la conservation de la nature (UICN), un espace protégé est « un espace géographique clairement défini, reconnu, consacré et géré, par tout moyen efficace, juridique ou autre, afin d'assurer à long terme la conservation de la nature ainsi que les services écosystémiques et les valeurs culturelles qui lui sont associés ».
Sans espace naturel protégé, la protection et la gestion de notre patrimoine naturel se révéleraient impossibles. La France a initié différents outils de protection dont la diversité reflète la multiplicité des acteurs, des objectifs et des types de gestion. Certains moyens de conservation ont d'ailleurs été copiés par d'autres pays.
Depuis les années 90, c'est le service du Patrimoine naturel du Muséum national d'Histoire naturelle (MNHN-SPN) qui gère la connaissance sur les espaces protégés et leur cohérence, donc leur efficacité.

La protection peut être :

- réglementaire, comme pour un arrêté de protection de biotope ou une réserve naturelle régionale ;
- contractuelle, comme pour un parc naturel marin ;
- de maîtrise foncière, comme pour les terrains acquis par le Conservatoire du littoral ;
- au titre de conventions et engagements européens et internationaux, comme pour les réserves de biosphère ou la zone marine protégée de la Convention atlantique Nord-Est (Ospar).

Les espèces végétales, notamment, peuvent être plus ou moins protégées selon qu'elles poussent dans les limites les plus grandes d'un parc national, dans sa zone cœur ou dans une réserve intégrale du parc.

Les plantes bénéficient également « d'abris » dans le cadre du fonctionnement des sites Natura 2000 ou des Znieff (Zone naturelle d'intérêt écologique faunistique et floristique) qui ne figurent pas dans la trame nationale des espaces protégés car ils font l'objet d'un programme spécifique géré par le MNHN.

Avant de cueillir, il est ainsi indispensable de vérifier le statut de la zone arpentée avec son panier et son couteau !

⇨ **https://inpn.mnhn.fr/accueil/index**

⇨ **www.natura2000.fr**

ÉQUITATION SUR LA PLAGE

Qui n'a pas rêvé de galoper les cheveux au vent sur une plage à marée basse ? Le cheval ne pollue pas et ne fait pas de bruit. Ce n'est pas une raison pour le conduire n'importe où sur le littoral. Un cheval reste naturellement sur les chemins. S'il en sort, c'est souvent dû au cavalier mal éduqué.

Comment aborder la plage

Un cheval, même au pas, peut causer des dégâts si vous le faites passer par des chemins de traverse. Pour vous rendre sur la plage, restez sur les chemins autorisés et tracés. Évitez les dunes, même celles qui ne sont pas officiellement protégées, car elles servent de cordon contre l'érosion. Soyez aussi respectueux des landes et des prairies ventées où la végétation a du mal à pousser. En effet, elle se développe habituellement au ras du sol et ne constitue pas un obstacle pour le cheval et son cavalier. En forêt littorale, ne cassez pas les branches basses des arbres qui luttent souvent contre le vent et poussent en se soumettant aux aléas climatiques.
Des arrêtés municipaux peuvent interdire ponctuellement des zones ou des portions de chemins aux chevaux en fonction des saisons et aussi des horaires. Par exemple, les chemins de la côte sauvage de la presqu'île de Quiberon sont interdits.

Impact du sabot

Quatre sabots s'enfoncent et marquent plus les sols meubles ou ceux au contraire sans humus, très fins et fragiles car soumis à l'influence des embruns. En revanche, sur la plage à marée basse et sable dur, les risques sont bien moindres. Les coquillages sont enfouis et les flaques n'abritent généralement ni animaux, ni algues. En sortant de la plage, ne dispersez pas les amas de laisse de mer où vit une microfaune marine et qui évitent l'érosion. Cela dit, un cheval n'apprécie nullement des terrains masqués et n'aurait aucune envie de les fouler, sauf si le cavalier ne sait le guider.

Crottin ou engrais

Les déjections animales sont biodégradables en moins de deux jours et inoffensives à condition que l'alimentation vienne de fournisseurs agréés pour centre équestre. Vérifiez donc l'origine de la matière première. Si elle vient de l'étranger, attention aux céréales OGM (organisme génétiquement modifié) !
En dehors des milieux de course, il n'y a pas non plus de produits dopants et par conséquent de risque de rejet dans la nature.

JET-SKI

La pratique de cet engin motorisé inventé par Kawasaki, constructeur de motos, a pris une ampleur inédite depuis trente ans, malgré les conséquences sur l'environnement et les interdictions locales.

Respecter la loi et les règles communales

Afin d'éviter que le jet-ski pollue la mer et l'air, et ne sature en décibels baies et anses, un encadrement général est prévu en France et complété par des empêchements particuliers.

D'une part, l'activité nocturne est interdite. D'autre part, seuls les détenteurs de permis plaisance peuvent naviguer, excepté dans deux cas :

- lors d'une initiation sous la responsabilité d'un moniteur diplômé ;
- si le scooter des mers démarre d'un navire de plus de 24 m avec un équipage professionnel permanent, dont un capitaine spécifiquement formé.

Si vous êtes seul à naviguer, vous avez le droit de vous éloigner jusqu'à 2 milles nautiques (3,7 km des côtes). Si vous êtes accompagné, votre aire de circulation est multipliée par trois.

Vous n'avez pas le droit de circuler dans la bande des 300 m, hors des chenaux (passage navigable) et ce, à 5 nœuds maximum (9 km/h). Si la navigation n'est pas organisée, balisée, alors vous devez sortir à cette même vitesse jusqu'à 300 m, de manière perpendiculaire au littoral.

Malgré ces normes, le jet-ski peut provoquer des nuisances, même loin de la côte. À 300 m, le bruit peut être insupportable, notamment dans les alentours plus élevés car le bruit monte. Dans le Var, où s'étagent des maisons sur les contreforts des Maures, la pollution sonore est souvent redoutable.

Éviter les espaces vierges

En ce qui concerne le bruit, trafiquer la puissance de son moteur est interdit et les accélérations puissantes et soudaines sont à éviter. En passant à côté de portions de côtes ou d'îlots où nidifient des oiseaux, falaises, rochers, dunes, calmez les chevaux ! Les oiseaux sont très sensibles au dérangement acoustique. Les à-coups ont aussi l'inconvénient de provoquer des remous dans les substrats sableux ou dans les fonds couverts d'algues. Aussi, les hélices non entièrement carénées sont proscrites ainsi que les turbines non équipées d'une grille de protection.

Évitez toutes les zones où flottent des laminaires. Les hauts-fonds regorgent souvent d'une vie sous-marine que vous dérangez. C'est pourquoi la plupart des estuaires sont désormais interdits d'approche, tout comme la baie du Mont-Saint-Michel ou la baie de Somme où les phoques pâtissaient des passages répétés.

Vidanger proprement

Le moteur qui aspire l'eau à l'avant pour le propulser à l'arrière à une certaine vitesse a besoin de deux types de nettoyage. Mal faits, ces derniers sont à l'origine de pollutions. Ne rincez pas trop longtemps à l'eau douce votre engin, afin d'économiser l'eau dans les zones où la sécheresse estivale est importante. Surtout, le rinçage qui évacue le sel accumulé à l'intérieur et à l'extérieur peut brûler le sol et sa flore s'il est répété au même endroit. Des kits de nettoyage interne facilitent la manipulation mais ils sont toxiques pour l'environnement. Tentez de vous installer un système de récupération des eaux de lavage. Les règles de captation obligatoire des huiles usées lors des vidanges, des bateaux, valent également pour les jet-skis. Il faut les déposer dans les conteneurs de recyclage spécifiques installés désormais dans les ports.

KAYAK DE MER

Le kayak apparaît comme l'un des plus écologiques moyens de randonnée sur l'eau. Son tirant d'eau est très faible et les pagaies utilisées comme moyen de propulsion ne s'enfoncent pas profondément dans la mer pour être efficaces. Pourtant, bien des manières de pratiquer peuvent ruiner cet atout.

Tracter sans abîmer

Approcher son kayak du bord de mer peut laisser des traces. Un kayak se porte et ne se tire pas sur le sol. Les propriétaires de kayak de qualité (prix moyen 2500 euros) le savent et ils ne souhaitent pas abîmer la coque. Outre cet aspect matériel, tracter le kayak laisse des sillons dans le sable dont on sait qu'il est un biotope fragile. Si le kayak est positionné sur un chariot à deux roues facilitant son déplacement, veillez à ne pas passer sur des sols craignant l'impact : des jeunes moulières, des zones de repousse d'algues ou des trous d'eau à la vie intense. Ne le laissez pas non plus sur des dunes protégées. Respectez les lieux s'ils sont protégés, tels que ceux des réserves naturelles ou des terrains du Conservatoire du littoral.

Glisser et ne rien toucher

Partez d'un bord qui ne craint pas trop les traces de pas et le dépôt de votre kayak. Si vous êtes instable, n'empoignez pas algues ou anémones de mer ou coraux pour vous stabiliser. Lorsque vous glissez sur l'eau sur des hauts-fonds, maîtrisez bien le mouvement des pagaies afin qu'elles effleurent la surface et n'arrachent pas la flore et la faune qui sont fixées. De même, lorsque vous voyez le fond, non loin d'une zone d'abordage, ne vous aidez pas des pagaies en les fichant dans le substrat du sol au risque de bouleverser leur écosystème.

Arrimer et ne rien laisser tomber

Dans un kayak, les caissons étanches peuvent réceptionner des affaires personnelles comme une gourde, des lunettes ou un vêtement. Les élastiques sur le devant permettent aussi de tenir des objets. Arrimez-les bien tous. Ne déposez rien entre vos jambes même si vous êtes engoncé dans une « jupe » hermétique. Lors d'un esquimautage raté, si la jupe se détache, alors tout ce qui est mal rangé et non attaché tombe à l'eau et constitue de nouveaux déchets en mer.

MARCHE, PROMENADE ET AUTRES RANDONNÉES

Que vous vous baladiez, furetiez, courriez, marchiez en bord de littoral, l'impact de votre passage n'est pas nul. En promenade, suivez quelques conseils. Ceux de la Fédération française de la randonnée pédestre (FFRP) sont excellents et basiques, mais si vous êtes passionnés d'écologie, suivez de près les actualités de l'association Les Amis des chemins de ronde, née en 1967. Ils n'ont pas de site national, seulement des antennes régionales, et leur principal rayon d'action va de la Normandie à la Vendée. C'est grâce à ses membres que la promotion des sentiers côtiers et la défense du littoral sur les communes riveraines de la mer s'organise face à l'urbanisation. À ce titre, l'association est agréée auprès du Préfet depuis 1988.

Règle du sentier littoral

La loi du 31 décembre 1976 a institué une servitude de passage réservée exclusivement aux piétons, le long du littoral français. Cette servitude s'impose à toutes les propriétés privées riveraines de la mer.

Le tracé de la servitude peut être modifié :

- et décalé de quelques mètres vers l'intérieur, lorsqu'il y a des risques d'érosion des falaises ;
- quand une habitation, construite avant 1976, se trouve à moins de 15 m de la maison, sauf s'il n'existe pas d'autre cheminement possible.

La servitude peut être suspendue :

- lorsqu'elle entrave le fonctionnement d'un établissement de pêche : cette suspension est temporaire et cesse avec la fermeture dudit établissement ;
- quand il existe des passages publics sur lesquels le cheminement des piétons peut s'effectuer en toute sécurité ;
- pour préserver la tranquillité de la faune et la sauvegarde de la flore dans des milieux écologiques fragiles.

L'assiette de la servitude demeure la propriété des riverains, mais c'est la commune qui a en charge l'entretien du chemin et qui doit en assurer la sécurité.
Alors comment se comporter et connaître le statut du sentier sur lequel vos pieds vous ont emmené ?
La lecture des panneaux d'information généralement affichés aux accès du sentier suffit souvent à déchiffrer les particularités du lieu :

- si c'est une « servitude », elle apparaît clairement, et des chicanes sont installées aux entrées, puisque seuls les piétons sont autorisés. L'interdiction aux vélos, VTT et chevaux est stricte ;
- si le chemin ne relève pas – ou seulement partiellement – de la servitude, sa carte d'identité est celle fixée par la municipalité : chemin rural, promenade urbaine, banquette aménagée, piste mixte piétons-vélos...

Tracer sans laisser de trace

Remportez tous vos déchets avec vous en prévoyant avant de partir une poche qui leur est dédiée. Déposez-les dans des poubelles installées, seulement s'il y a des couvercles. Nombre de sites du littoral ne sont pas bien gérés et les poubelles ouvertes laissent tous les chapardeurs éparpiller les déchets à la ronde.
Restez silencieux quand vous traversez des lieux occupés par des colonies d'oiseaux. Les jumelles sont les bienvenues mais les animaux n'aiment ni les mouvements brusques ni les cris. Au moment de la reproduction, cela peut être dommageable.
Quant aux plantes (voir « Cueillette » page 22), même non protégées, elles participent à une biodiversité d'autant plus difficile à maîtriser du fait des conditions naturelles, embruns salés et vents et de l'artificialisation des sols alentour.
Enfin, restez sur les sentiers afin de ne pas accélérer l'érosion des côtes due aux changements climatiques, mais également à l'explosion du nombre de touristes sur le littoral français depuis des décennies.

Bâton ou pas ? Le dilemme de la marche nordique sur le littoral

L'utilisation des bâtons qui accentuent le mouvement naturel des bras propulsant le corps vers l'avant est critiquée par certains maires de France, notamment de communes littorales (Arradon, Perros-Guirec, Île-aux-Moines...). Certains ont même interdit leur usage à bout ferré, en particulier sur des sentiers de roches sensibles à l'impact des pointes métalliques, comme sur la côte de

granit rose. L'eau de pluie ruisselle et pénètre dans les sols. À certains endroits, des effondrements leurs sont imputés. Cependant, aucune étude d'impact n'a démontré les réelles conséquences de la multiplication des trous provoqués par les bâtons. Dans les sols plus meubles, ils sont certainement moins graves.
Tant que la loi n'a pas statué, il est de votre responsabilité d'évaluer le choc que constituent vos bâtons et de les couvrir d'embouts en caoutchouc sur certains tronçons de votre parcours.

Marcher sur le sable

La marche sur le sable à marée basse ou plus haute n'est pas vraiment perturbante, sauf dans les vasières qui fourmillent de vie et sur les aires où les coquillages sont très nombreux. Évitez juste de « labourer » le terrain avec vos chaussures de randonnée ou des bâtons de marche et ne « désensablez » pas les algues encore « cramponnées » et donc vivantes qui attendent la remontée de la mer.

Pratiquer le longe côte sur les sites autorisés

Ce sport aquatique apparu dans le nord de la France en 2005 et qui consiste à marcher dans l'eau jusqu'à la taille (entre nombril et aisselles) a pris une ampleur énorme et le nombre des membres affiliés aux clubs reconnus augmente chaque année de 15 %. Le longe côte est réputé comme une activité pédestre et l'arrêté du 31 décembre 2016 accorde jusqu'au 31 décembre 2020 à la Fédération française de la randonnée pédestre (FFRP) la délégation pour la discipline sportive longe côte.

Pour éviter de meurtrir l'environnement marin, longez ainsi soit dans les zones autorisées et surveillées, soit sur un site validé par la FFRP. Vous trouverez les listes sur les sites des comités régionaux de la Fédération. Pour chaque site, des indications sont données pour longer écologiquement. On vous précise le niveau de protection du site et par conséquent les cheminements pour gagner à pied la « promenade » aquatique, par exemple par la cale du port, des escaliers, un chenal perpendiculaire ou un sentier balisé dans des dunes.

www.ffrandonnee.fr

www.ffrandonnee.fr (Rubriques « Randonner », « Types de pratiques », « Longe côte - marche nordique »)

LA LAISSE DE MER

Au printemps 2019, le Muséum national d'Histoire naturelle a lancé un programme scientifique participatif : Plages vivantes. Son but ? Étudier la laisse de mer, cette frange de déchets organiques d'origine végétale (algues et plantes marines) et animale (coquillages et crustacés) malheureusement souvent mêlés aux déchets liés aux activités humaines. Laissés par la mer sur le haut des plages, ils ne sont pas que de simples déchets naturels inertes : ils contribuent à l'équilibre naturel des plages !
En plus d'être à la base d'un large réseau trophique et de participer à la stabilisation du trait de côte, ces laisses

accueillent une diversité d'espèces dont le cycle de vie est étroitement lié à ce milieu. La laisse de mer alimente les plantes et les détritivores qui eux-mêmes servent de nourriture aux oiseaux de mer et aux poissons.
Aujourd'hui, cet habitat au rôle écologique clé est soumis à de profonds changements d'origine anthropique (pollution, ramassage de ces laisses...) et climatique, qui modifient sa composition, son fonctionnement et sa dynamique naturelle, et affectent la conservation d'espèces emblématiques qui lui sont liées.
Les chercheurs ont besoin de mieux analyser la nature des espèces d'algues de la laisse de mer d'une plage à l'autre ou d'une saison à l'autre, et de connaître la composition en algues des habitats marins à proximité. Vous pouvez les aider !
Nul besoin d'être un spécialiste, en bande d'amis, groupe scolaire ou en famille vous pourrez participer au protocole ALAMER (Algues de la LAisse de MER) ou OLAMER (Oiseaux de la LAisse de Mer) à l'échelle du littoral de la Manche et de l'Atlantique.
Rendez-vous sur le site du Muséum et téléchargez le dossier et le mode d'emploi du Muséum : https://plagesvivantes.65mo.fr/protocole-alamer/

NATATION

Nager en eaux vives pour le plaisir ou la compétition ne risque pas trop de perturber l'environnement. Cependant, l'activité zéro impact n'existant pas, vous pouvez améliorer votre manière de vous immerger !

Méfait des crèmes solaires

Les études scientifiques les plus récentes, présentées au grand public par la Fondation pour la recherche sur la biodiversité en 2018, montrent l'impact des crèmes solaires sur les colonies des **coraux** (https://www.fondationbiodiversite.fr/eviter-les-cremes-solaires-nefastes-pour-la-vie-marine/). En particulier sur les **zooxanthelles**, petites algues qui vivent en osmose avec les coraux, et en leur apportant des nutriments fondamentaux. En cas de stress général, dû majoritairement aux changements climatiques, les coraux expulsent ces zooxanthelles en rejetant du mucus. Alors, la colonie de corail blanchit et meurt.

Les crèmes solaires contenant notamment des filtres organiques à UV comme des butylparaben et l'oxybenzone participent à ce mécanisme. De plus, en pleine lumière, l'oxybenzone détruit directement les zooxanthelles, durcit en les ossifiant les larves de coraux et modifie leur ADN. Quant aux filtres minéraux, oxydes de zinc ou de titane, sous forme de nanoparticules, ils sont toxiques pour l'environnement aquatique.

Des études scientifiques continuent à se multiplier en laboratoire et en pleine mer partout dans le monde.

La situation est d'autant plus critique que les coraux se trouvent en état de fragilité qu'ils soient dans des zones touristiques éloignées, dans les territoires ultramarins français ou en Méditerranée (Riviera, Port-Cros, Corse...). Certaines marques, biologiques ou non, ont lancé des gammes complètes de crèmes solaires à la composition étudiée sans ingrédients nuisibles aux coraux. Toutefois, il n'existe pas encore de label officiel.

Ne pas semer ses accessoires

Si vous nagez avec des accessoires, bonnet, élastique pour les cheveux, lunettes, pince-nez..., ne les perdez pas. Souvent en matière plastique ils iront polluer les fonds marins pour longtemps.

Attention à vos palmes

Les mouvements de palmes méritent aussi de l'attention. Dans les environs des rochers, herbiers de posidonies en Méditerranée, coraux..., soyez doux et nagez à l'horizontale. Avant de sortir de la mer, déchaussez-vous.

LE PAVILLON BLEU

En France, en 2019, 390 plages et 102 ports sont enrôlés dans une politique vertueuse de protection de l'environnement, c'est beaucoup et trop peu à la fois. Depuis 1985, le Pavillon Bleu est accordé par un jury technique et international aux sites disposant d'un certain nombre d'équipements permettant de minimiser les impacts de la fréquentation touristique. Le Pavillon Bleu ne reflète pas seulement la couleur de l'eau de baignade en bord de mer ou de lac,

mais la cohérence des politiques écologiques menées tout au long de l'année par les communes : des poubelles de tri sont à disposition pour valoriser les déchets, des sanitaires évitent les contaminations de l'eau, la sécurité et l'accessibilité à la baignade pour tous sont assurées, tout comme l'information sur la qualité de l'eau ainsi que sur la faune et la flore locales.
Les communes engagées dans le label organisent tout au long de l'année, et particulièrement pendant la saison estivale, des activités de sensibilisation à l'environnement sous différentes formes.
Les ports de plaisance labellisés sont quant à eux des lieux où la protection de l'environnement et du milieu marin est une priorité. Les plaisanciers ont accès à des aires de carénage sans rejets dans le milieu naturel, à des systèmes de récupération des eaux usées des bateaux mais aussi à des zones de récupération des déchets spéciaux et des informations sur la fragilité du milieu.

⇨ www.pavillonbleu.org

PÊCHE DE LOISIR À LA LIGNE

On peut lancer sa ligne de la digue, d'une barque, d'un rocher ou du bord de mer à marée basse. Quelle que soit la technique, pêche à la calée, en *surfcasting*, au lancer-ramener..., l'écologie du milieu marin doit primer dans l'activité de pêche de loisir.

Rejet à la mer

Vous pourriez faire gratuitement votre marché de lignes, leurres et hameçons sur les digues tant les pêcheurs amateurs perdent ou laissent volontairement leurs accessoires de pêche composés essentiellement de plastique et de métal. À chaque vague déferlante ou coup de pied de promeneurs, tous les déchets repartent à la mer. Les fils de nylon piègent les animaux, les leurres sont avalés et les hameçons coulent pour se déposer là où crustacés et mollusques viennent se calfeutrer. Soyez donc consciencieux, méticuleux et attentif. Gardez tous les déchets, surtout les plus insignifiants, petits bouts de ligne ou étiquettes de nouveaux achats, au fond de vos poches ou de vos seaux pour les jeter chez vous ou dans les poubelles de tri des ports.
Si vous dépecez du poisson sur le lieu de prise, ne jetez pas sous prétexte de naturalité, têtes et intestins. On peut vider un poisson quand la mer est haute et agitée pour le bonheur des mouettes et autres oiseaux « fondeurs », mais si vingt pêcheurs alignés font la même chose lorsque la mer est calme et basse, alors la pollution est ingérable.

Relâcher quand il faut

Ne prélevez dans la nature que le strict minimum pour votre repas. Par exemple, si vous dînez au camping à six copains, vous n'allez sûrement pas manger plus de 3 kg de poisson et vous n'avez pas de réfrigérateur ! Alors, relâchez votre excédent de pêche. Ou encore, si vous recevez pour un apéritif une bande de copains, alors le kilo de crevettes des grandes marées fera des heureux. En termes de pêche, « les yeux plus gros que le ventre » c'est un... péché écologique.

Remonter les déchets

Vos filets ou votre ligne ont accroché plus de déchets que de poissons, ne les rejetez pas à l'eau. Rapportez-les dans une poubelle de plage, au port ou chez vous. Si la prise est encombrante, faites-vous aider par d'autres pêcheurs et faites résonner la fibre écologique qui est en eux en œuvrant de façon pédagogique.

Saison de pêche

Comme la pratique de la chasse sous-marine, celle de la pêche de loisir répond à des règles nationales et régionales précises variant avec les saisons, qui ont pour objectif de préserver le milieu marin.

Ainsi, selon la loi, **tailles et poids minimaux** des captures sont à connaître. Il faut donc vous munir d'outils de mesure.

Attention, ces tailles ne sont pas les mêmes d'un océan ou d'une mer à l'autre. **Quelques exemples** :

- lieu jaune : 30 cm, seulement en mer du Nord ou en Atlantique ;

- merlan : 27 cm seulement en mer du Nord ou en Atlantique ;
- sar : 25 cm en mer du Nord ou en Atlantique mais 23 cm en Méditerranée ;
- chinchard : 15 cm, partout ;
- sardine : 11 cm, partout.

Pour le **thon rouge**, la réglementation est spécifique : les pêcheurs de loisir qu'ils soient adhérents à une association sportive nationale et possèdent une licence ou qu'ils réservent le produit de leur pêche à leur consommation personnelle, doivent soumettre une autorisation annuelle de pêche auprès de la Direction interrégionale de la mer (DIRM).

Pour le **bar**, la pêche est limitée à deux bars par pêcheur par jour. Au nord du 48e parallèle (en France, au nord de Audierne) la règle vaut de mars à novembre, alors qu'en hiver (de décembre à février) la pêche est autorisée seulement si le poisson est relâché.
Au sud du 48e parallèle, la règle vaut toute l'année.

Une autre règle, celle du **marquage**, est moins connue des pêcheurs de loisir trop amateurs. Elle énonce que certaines espèces doivent être marquées dès la remontée, que ce soit à bord d'un bateau ou d'une digue, ou en regagnant le rivage. Ce marquage consiste en l'ablation de la partie inférieure de la nageoire caudale et concerne les espèces suivantes :

- Bar
- Bonite
- Cabillaud
- Corb
- Denti
- Dorade(s)
- Espadon(s)
- Homard
- Langouste
- Lieu jaune
- Lieu noir
- Loup
- Maigre
- Makraine bleu
- Maquereau
- Marlin
- Pagre
- Rascasse rouge
- Sar
- Sole
- Thazard
- Thon jaune
- Voilier de l'Atlantique

Renseignez-vous auprès de la Direction interrégionale de la mer compétente.

https://www.service-public.fr/particuliers/vosdroits/F2118

PÊCHE À PIED

Rien de plus satisfaisant de partir à l'assaut des rochers et du sable pour rapporter de quoi préparer des *pasta* aux coques ou passer à la poêle des couteaux. Mais si chaque gourmand se sert dans le vivier marin sans précaution, alors il ne restera bientôt plus rien.

Retourner rochers et cailloux avec précaution

Certains coquillages se cachent dans les rochers recouverts d'algues, comme les **bigorneaux** et les **bulots**. Les premiers sont les plus aisés à trouver sur toute la bande de balancement des marées, alors que les seconds sont présents sur la partie infralittorale des grandes marées.
Si vous devez fouiller sous les algues, ne déplacez pas les cailloux et rochers. Soulevez juste la masse des algues poussant comme une frange sur un crâne, accroupissez-vous, regardez, récoltez et remettez le tout à sa place.
Un riche écosystème vit en équilibre entre gros grains de sable, rochers et cailloux. Les algues maintiennent l'humidité et empêchent le soleil de percer l'obscurité nécessaire.
D'ailleurs, c'est là que l'on trouve les rares **ormeaux**, trop longtemps braconnés. Vous pouvez utiliser un crochet ou un couteau pour les détacher de leur support, mais ne touchez à rien d'autre.
Pour les **patelles ou chapeau chinois**, fortement ventousés sur les rochers que l'on décolle à l'aide d'un couteau solide ou d'un ustensile de bricolage de type tournevis, ne cédez pas à la tentation de les écraser à

l'aide d'un lourd caillou. Vous écraserez la chair, elle sera gâchée et vous aurez transformé le biotope.
Les **moules** se trouvent sur de gros rochers submergés à marée haute. Plus la mer est mouvementée, meilleures seront les moules qui filtrent. Sur ces moulières, n'arrachez pas tout n'importe comment. Tentez de détacher les moules de bonne taille, à l'aide d'un couteau court ou canif, à sa base. Ainsi, les autres continueront de croître.

Labourer sans détruire

Pour les coquillages enfouis dans le sable, labourer est efficace mais destructeur. Ne prélevez que ce dont vous avez besoin et n'arrivez pas en famille ou en groupe armé de pelles. Le plus conseillé est la griffe à trois dents ou la cuillère. Rebouchez ensuite tous les trous, surtout en zones de vasières.
Il existe des règles régionales ou encore plus spécifiques à une aire du littoral concernant les quotas acceptables pour les amateurs pêcheurs. Par exemple, du côté de Quiberon et du Golfe du Morbihan, on ne place pas dans son panier plus de 300 coques, 100 palourdes ou 5 douzaines de couteaux.
Avant de quitter le lieu de récolte, faites le tri sur place, afin de remettre à l'eau ou réenfouir les coquillages que vous ne prenez pas !

- Vous pouvez utiliser un petit râteau ou une griffe afin de racler en surface le sable grossier pour les **amandes de mer** qui vivent en colonie.
- La **praire** devenue plus rare, et qui ne peut être

récoltée en trop grande quantité, se repère grâce aux deux petits trous de respiration laissés sur le sable et parfois même à des microjets d'eau produits lorsque le pêcheur marche sur l'estran. Le coquillage n'est donc pas loin. Aussi, inutile de creuser trop profondément et bouleverser l'équilibre du sous-sol de l'estran.

- Même conseil pour les **tellines**, les doigts suffisent pour fouiller le sable, dans les lieux saturés d'eau.
- Pour les **coques** et les **palourdes** qui se trouvent à mi-marée dans des substrats souvent plus argileux, il suffit d'une cuillère à soupe pour creuser légèrement et les trouver, notamment en se référant aux trous de respiration ; ceux de la palourde ayant la caractéristique d'être très rapprochés ou de présenter un orifice ovale.
- Quant aux **couteaux**, fichés droits dans le sable, à la limite de la basse mer en grande marée, leurs marques de respiration en forme de huit, de rectangle ou de cuvette vous permettent de les localiser. Là, ne fouillez pas le sable ! Versez une pincée de sel et le couteau remonte vers la surface. Quand il est sorti aux trois quarts, empoignez-le et tirez vers le haut. Attention, son muscle qui sert de pied a une force inouïe.

Taille de capture

Pour respecter l'environnement, le premier critère est de suivre les interdictions de pêche en deçà d'une taille minimale de chaque espèce. Cela lui permet de se

reproduire avant d'être prélevée dans la nature. Aussi, ne capturez aucun animal femelle porteur d'œufs.
Il existe des échelles plastifiées avec les mesures exactes des coquillages pour la pêche à pied qui aident à développer l'œil et vérifier les tailles de ses prises.

COQUILLAGES	TAILLE MINIMALE (EN CM)	COQUILLAGES	TAILLE MINIMALE (EN CM)
Amande	4 cm	Oursin	4 cm
Bigorneau	Pas de taille à respecter	Palourde jaune	3 cm
Bulot	4,5 cm	Pétoncle	4 cm
Couteau	10 cm	Palourde européenne	4 cm
Coque	3 cm	Palourde en Méditerranée	3,5 cm
Huître creuse	5 cm	Praire	4,3 cm
Huître creuse en Méditerranée	6 cm	Praire en Méditerranée	2,5 cm
Huître plate	6 cm	Telline	2,5 cm
Moule	4 cm	Vénus	2,8 cm
Ormeau	9 cm	Vernis	6 cm

Le site internet de pêche à pied responsable propose des conseils, publie et met à jour tous les arrêtés d'interdiction temporaire ou définitive et lance des alertes sanitaires, sur toute la Bretagne : www.pecheapied-responsable.fr

PLANCHE(S)

La plupart des planches à voile ne présentent pas beaucoup de danger pour la faune et la flore une fois à flot. En revanche, à terre, qu'elles soient utilisées pour du *paddle*, de la planche à voile ou du *kite*, elles peuvent endommager les plages où vous les apportez. Ne traînez pas les planches, ne les laissez pas sur les bords de dune, ni sur les laisses de mer, ou des touffes de végétation spontanée, qui représentent souvent des cocons pour des nids ou des colonies de détritivores qui améliorent l'autorégulation naturelle de la vie sauvage de la plage.

Planche à voile

Quand vous gréez la planche, posez la voile de manière également à ne rien abîmer. Trop souvent, vous êtes attentif à la voile elle-même mais pas au sol sur lequel vous installez vos accessoires.
Ne démarrez pas, que ce soit du bord ou en *water-start,* d'une partie du littoral où les algues sont bien vivantes ou d'un herbier de zostères ou de posidonies qui jouent un rôle de poumon, de nurserie et de garde-manger pour une multitude d'espèces.
En sortant la planche hors de l'eau, vérifiez que les ailerons n'arrachent pas ces herbes ou algues.
Pour la laver, utilisez des produits biodégradables et rincez à l'eau claire avec parcimonie.

Kite surf

L'activité du *kite surf* ou planche aérotractée est depuis peu reconnue comme une activité de voile et non plus de vol libre comme à ses débuts. Discipline olympique, elle attire de plus en plus de licenciés.

On trouve multitude de boutes et fils de traction emmêlés sur la plage dans le sable ou la laisse de mer. Les responsables sont la plupart du temps les pêcheurs ; cependant, les pratiquants de *kite surf* doivent faire attention de ne pas laisser derrière eux ce type de matériel qui se transforme en piège pour les oiseaux, les crustacés et les poissons.

L'autre problème vient souvent des débutants qui ne maîtrisent pas l'envol du cerf-volant – appelé aile dans le jargon et pouvant mesurer de 3 à 20 m^2. Ce dernier peut s'affaler sur des parties de plage qu'il faudrait préserver.

Le *kite surf*, qu'il soit pratiqué avec un *foil** ou en *freestyle*, donne des envies de liberté. Il incite certains « voileux » à trop s'approcher de rochers regroupant des oiseaux marins et donc à les faire décamper. Tentez d'éviter tous ces refuges naturels ornithologiques.

Paddle

Monter sur un *paddle* ne présente pas de risque pour l'environnement. Certaines précautions doivent être cependant prises pour éviter des traumatismes avec votre pagaie.

Si les professionnels ou les plus avertis des amateurs partent vers le grand large, la plupart de ceux qui découvrent cette glisse calme et silencieuse,

s'engagent parallèle au littoral. Ils sont même collés à lui. Car la moindre ride sur l'eau est perturbante pour l'équilibre. Mais les fonds sont alors à portée de pagaie. Les mouvements doivent être contrôlés et la pagaie ne doit pas aller trop loin afin de ne pas casser huîtres, patelles ou anémones fixées sur les rochers et encore moins les coraux ou les herbiers. N'enfoncez pas non plus les pagaies dans le sable ou la vase pour vous arrêter ou vous aider à faire demi-tour.
Si vous avez un *paddle* :

- gonflable, posez-le sur un terrain sans faune et flore fragiles pour utiliser la pompe à air ;
- en « dur », ne le traînez pas sur un sol sableux riche en biodiversité.

Arrimez bien les affaires que vous embarquez emprisonnées par les tendeurs souvent situés à l'avant. Lunettes, gourde ou bouteille, sans parler de votre portable ou votre casquette en nylon : tous sont des déchets en puissance, qu'ils soient en plastiques ou en métal.

PLONGÉE SOUS-MARINE

S'immerger pour profiter de la beauté de la vie sous-marine ou bien descendre à plusieurs dizaines de mètres dans des fosses naturelles rarement visitées sont apparemment des activités écologiques. Pourtant, la pratique mal maîtrisée est responsable de dégâts généralement irréversibles.

En apnée

L'apnée ne nécessite aucun matériel.
Les palmes facilitent juste l'immersion profonde dans l'eau. Lorsque l'on ne fait pas de la compétition encadrée, le plus gros risque pour l'environnement vient justement des coups de palmes beaucoup plus longues que celles utilisées pour la natation. Il faut se mouvoir avec douceur et se représenter son environnement sous-marin en 3D afin de visualiser les fonds et les parois rocheuses pour louvoyer et ne pas toucher quoi et qui que ce soit. Lors de l'apprentissage, on cherche aussi son équilibre à la verticale et souvent on s'accroche sur le relief sous-marin abritant la faune et la flore.
De plus, quand vous portez des gants de protection, vous êtes encore moins attentif, ne sentant pas la pression exercée par les doigts ou n'appréhendant pas le substrat que vous touchez. Théoriquement, les gants sont interdits en France, mais pas dans tous les pays.

En bouteille

Certains clubs interdisent les gants pour obliger les plongeurs à être vigilants. Lors des sorties dites

« dérivantes », dans un courant marin, sans gants, on cherche à se stabiliser à un morceau de rocher nu plutôt qu'à un bout de corail vivant. Ainsi, l'environnement est moins en contact avec l'homme.
La plongée a plus d'impact quand on plonge d'un bateau qui doit jeter l'ancre que lorsqu'on part de la plage. Les bouteilles d'air, le gilet stabilisateur, la console avec manomètre et profondimètre, le masque et les palmes composent une tenue complète lourde et jamais évidente à manipuler au début.
Faites attention aux endroits où vous posez votre équipement si vous n'êtes pas à bord d'un navire spécifique. Car le principe d'une plongée respectueuse de l'environnement c'est de réduire au maximum le contact physique entre la nature et l'homme. On ne vient pas caresser le dos d'une tortue, ni effleurer un mérou. On regarde de loin anémones, coraux, gorgones et forêts de laminaires ou de posidonies.
L'immobilité dans la mer lors des plongées est signe de maîtrise du sport.
Pour plonger écologiquement, informez-vous sur les zones de protection, les interdictions d'accès et la biologie du monde marin.
Effrayer un poulpe dans son trou pour le déloger est toujours stressant. Mais durant l'été, cela peut même être fatal à l'espèce car c'est la période de reproduction. Aussi, les femelles ayant besoin de lumière se rapprochent de la surface, devenant plus vulnérables. Il ne faut jamais poursuivre un animal comme un calamar ou des soles tapies sur le fond sableux. Et ne jamais faire sortir les

crevettes ou petits poissons dans les coraux qui ont un rôle de nettoyeur.

EN PISCINE

Lors des entraînements en piscine, prendre une douche savonnée permet de réduire la production de chloramines (dérivés chlorés d'un composé organique) et donc de polluer l'eau et l'air. En effet, elles sont produites par la réaction entre le chlore et les matières organiques présentes dans l'eau comme la sueur, la salive, l'urine ou les peaux mortes provenant des baigneurs.
Ce sont d'ailleurs les chloramines qui donnent à votre piscine cette odeur si caractéristique et non la concentration de chlore. Même si les chloramines ne sont pas néfastes pour la santé des baigneurs, elles peuvent être gênantes lorsqu'elles sont présentes en grande quantité.

Snorkeling

Les règles de la balade aquatique écologique se résument assez simplement : on n'effleure rien avec ses palmes, on ne touche rien avec ses mains, on ne prélève rien !
A priori, rien de compliqué, à condition d'être assez à l'aise dans l'eau pour flotter et tenir son équilibre. Exercez-vous dans la position du plongeur les bras croisés, le corps à l'horizontale et les palmes dans son prolongement bougeant à peine. Si vous n'êtes pas à l'aise, ne partez pas quand la mer est agitée car vous risqueriez de vous tenir à des herbiers, des rochers, du corail et donc laisser des traces de votre passage.

Le meilleur moyen de commencer pour découvrir la mer, sans passer à côté de ses joyaux tout en les préservant, est de s'inscrire à la visite d'un sentier sous-marin balisé. Il consiste à un cheminement naturel mis en place par les scientifiques de l'espace protégé, permettant d'apercevoir le patrimoine naturel de manière que les nageurs ne les touchent pas. Des pancartes informatives balisent le sentier.
En France, ils sont en Méditerranée, où la température permet de rester longtemps à fleur d'eau. Vous apercevrez peut-être pour la première fois des espèces devenues rares. Dans la réserve naturelle de Cerbère Banyuls, dans la zone protégée attenante au Jardin du Rayol Canadel appartenant au Conservatoire du littoral ou dans le parc marin national de Port-Cros vous pourrez admirer des mérous, des tortues caouannes, la grande nacre, des champs de gorgone et de corail rouge, des herbiers de posidonies, des éponges, des hippocampes mouchetés ou la grande cigale de mer.

www.conservatoire-du-littoral.fr

RAMASSAGE DE GALETS ET COQUILLAGES

Des souvenirs à la pelle ! Justement, il ne faudrait pas rapporter de sable, de galets et de coquillages de la plage pour se remémorer des vacances.
Le glanage de petites quantités par des millions de personnes se baladant à toutes les saisons sur les plages finit par se comptabiliser en tonnes.
Or, tout ce qui est naturellement composant du domaine maritime public n'a pas le droit d'être dégradé, selon le Code général de la propriété publique. Plus précisément, le Code de l'environnement interdit la collecte de matériaux (sable, galets, autres minéraux, coquillages vides...) de nature à compromettre la protection du littoral. L'article du Code a été rédigé dans le but d'empêcher des personnes d'extraire du sable ou des galets, mais aussi des coquillages pour les revendre..., un commerce lucratif et terrible pour l'environnement. Cependant, comme on ne peut pas surveiller facilement ceux qui occupent les plages et que le civisme est faible et l'ignorance forte dans ce domaine, certaines collectivités territoriales ont pris des dispositions strictes.
En Normandie, par exemple, le ramassage des cailloux est interdit depuis 1975. Imaginez les plages d'Étretat si ce n'était pas le cas ! D'autant que les plus gros galets protègent la plage et en marquent souvent sa limite.
L'érosion s'accélérant du fait des changements climatiques et mettant en péril les plages qui abritent une faune et une

flore spécifiques, le plus raisonnable serait ainsi de ne rien prélever.
Côté laisse de mer, rien n'est prévu par la loi. Là aussi, préférez la prévention et servez-vous seulement du bois flotté en abandonnant sur place os de seiche, algues et crustacés morts.

LE CONSERVATOIRE DU LITTORAL EN FRANCE

Le Conservatoire du littoral est un établissement public créé en 1975, afin de mener une politique foncière de sauvegarde des espaces naturels côtiers en métropole et Outre-mer. Ses missions portent sur la préservation des équilibres écologiques, des paysages et le développement de l'accueil du public dans le respect de la sensibilité des sites.

En 2019, le Conservatoire du littoral protège plus de 200 000 ha répartis sur près de 790 sites, soit plus de 2 000 km de rivages qui accueillent plus de 40 millions de visiteurs. Parmi les sites emblématiques sauvés sur plusieurs hectares, il y a la Pointe du Raz et la baie d'Audierne, le domaine basque d'Abadia, les Agriates corses, la baie du Mont-Saint-Michel ou les caps varois Lardier et Camarat, Vaccarès en Camargue ou les îles du Salut en Guyane, des pans entiers de l'estuaire de la Loire, des grandes dunes du Cotentin ou des Calanques.

Un maillage étroit de partenariats avec les collectivités territoriales, organismes publics et associations en assure la gestion au quotidien.

Avec ses partenaires, le Conservatoire du littoral développe des actions visant à expérimenter de nouvelles formes de projets de territoire en faveur des milieux humides, des paysages, du patrimoine ou de l'adaptation des systèmes côtiers face au changement climatique.

⇨ www.conservatoire-du-littoral.fr

RÉCOLTE D'ALGUES

Les algues sur le littoral français sont nombreuses et diversifiées. Elles aiment l'océan agité, battu, propre et les marnages importants. Elles se cramponnent donc en France surtout en Bretagne, sur la côte atlantique et en mer du Nord.

Quelles algues ?

Parmi les principales algues présentes sur les rivages de France, on en trouve des brunes, des rouges et des vertes.

ALGUES	ESPÈCES
Brunes	Kombu breton (*Laminaria digitata*)
	Haricot ou spaghetti de mer (*Himanthalia elongata*)
	Fucus plat (*Fucus serratus*)
	Fucus vésiculeux (*Fucus vesiculosus*)
	Goémon noir (*Ascophyllum nodosum*)
Vertes	Laitue de mer (*Ulva lactuca*)
	Ao nori (*Ulva intestinalis*)
Rouges	Dulse (*Palmaria palmata*)
	Nori (*Porphyra* spp.)
	Gracilaria (*Gracilaria verrucosa*)
	Pioka (*Chondrus crispus*)

Il y aurait plus de 600 variétés de macro-algues répertoriées : aucune n'est toxique, quasi toutes sont comestibles, mais seulement une quinzaine sont autorisées sur le marché alimentaire en France. Quel dommage ! N'hésitez donc pas à goûter deux algues interdites à la vente alimentaire :

- *osmundea pinnatifida*, une dulse rouge poivrée ;
- *dilsea carnosa*, une algue rouge aux lames larges, autrefois appelées steak du goémonier, qui entrait dans la recette traditionnelle de pain aux algues et qui se cuit au four.

Précaution naturelle

Les algues constituent une biomasse extrêmement importante pour le captage du CO_2 et pour la survie de toutes les espèces qui y sont liées.
Théoriquement, la récolte manuelle des algues est réglementée. La récolte nocturne est interdite.
Les professionnels doivent posséder une autorisation de prélèvement accordée par la Direction départementale des territoires et de la mer (DDTM). Cela permet de gérer le stock des algues en fonction de plusieurs paramètres : espèces, taille, saison par exemple.
Aussi, les amateurs qui viennent sur les mêmes zones doivent prendre conscience de l'impact supplémentaire de leur récolte. S'ils sont trop nombreux, non seulement ils concurrencent les professionnels mais ils font aussi subir une pression trop forte sur le biotope.

Juste ce qu'il faut pour le dîner !

Rien ne sert de gâcher les algues au prétexte qu'il y en a en apparence beaucoup. Les événements de marée verte peuvent laisser penser que toutes les algues pullulent.

Or, les algues originaires d'une aire maritime doivent être préservées dans leur biotope.
N'arrachez jamais les algues : coupez-les aux ciseaux ou à l'aide d'un petit couteau. Les sécateurs et faucilles sont également permis.
Sur l'ensemble d'un buisson, prélevez seulement un tiers. La règle du tiers correspond à un prélèvement raisonné, un tiers pour les cueilleurs, un tiers laissé dans l'eau pour la croissance naturelle et le dernier tiers pour l'ensemble des gastéropodes : bigorneaux, gibbules, lièvres de mer, littorines. Pour que cette règle soit efficace, changez de lieu le plus souvent et évitez de suivre ceux qui cueillent déjà sur une zone, afin de ne pas la surexploiter.
Mieux vaut démarrer sa moisson de mer sur les espaces infralittoraux en suivant la mer qui descend avant qu'elle n'ait atteint son plus bas point de marée basse. Dans le même esprit, préférez les récoltes au moment de grands coefficients de marées qui découvrent des ressources d'algues rarement découvertes et donc prélevées.
Vérifiez les règles auprès des préfectures et des régions. Celles-ci peuvent bouger en fonction des aléas environnementaux et météorologiques. L'arrêté 2018-16159 concernant la récolte des algues de rive en Bretagne en est un bon exemple. Un arrêté équivalent et moins précis existe aussi pour la région Pays de la Loire depuis 2002.
Ainsi, certaines algues ne peuvent être prélevées qu'à certaines périodes. Le reste du temps, elles sont en repos biologique.

Les tailles sont également importantes. Certaines algues doivent atteindre une taille minimale au-dessus de leur crampon pour être récoltées.
Il faut de manière générale laisser une hauteur entre le crampon et l'endroit de coupe afin que la plante se régénère plus facilement et l'arrêté précise que le goémon noir (*Ascophyllum nodosum*) ne peut être taillé à une hauteur inférieure à 30 cm au-dessus du crampon.

ALGUE	TAILLE MINIMALE	PÉRIODE DE RÉCOLTE
Dulse (*Palmaria palmata*)	25 cm	Du 1er avril au 31 décembre
Haricot de mer ou spaghetti de mer (*Himanthalia elongata*)	80 cm	
Kombu royal (*Saccharina latissima*)	150 cm	
Noris (*Porphyra* spp.)	25 cm	Du 1er mai au 15 novembre
Pioka (*Chondrus crispus* et *Mastocarpus stellatus*)		Du 1er mai au 31 octobre

⇨ http://www.pecheapied-loisir.fr/wp-content/uploads/AP-04.05.2018-Récolte-algues-de-rive-en-Bretagne.pdf

SURF

Voilà un sport écolo dans sa pratique et son attitude. Certes des pratiquants endossent un rôle de sentinelle des mers auprès d'associations militantes. Et pourtant, le sport qui a le vent en poupe est devenu si pratiqué que les surfeurs par leur nombre, leur attitude et leur sociologie mettent parfois la nature à rude épreuve. Rarement en mer, mais sur terre.

Cool attitude au gré des vagues

Souvenez-vous, dans les années 80, le surfeur sortait de son garage ou de son atelier à pied jusqu'à sa plage, sa vague et se lançait direct. Mais aujourd'hui, les surfeurs se déplacent, viennent des villes, pratiquent pour adhérer à un modèle de « coolitude » et ce, quasi toute l'année grâce à des combinaisons de plus en plus techniques protégeant des basses températures.

À force de rechercher le meilleur spot de la côte, certains surfeurs qui n'ont pas bien assimilé la philosophie de cette activité *a priori* sans impact font des dégâts. Qu'ils soient en van ou en voiture, ils approchent trop souvent des espaces vierges et interdits et se garent là où la faune et la flore résistent aux embruns.

La connaissance du littoral n'est pas innée. Sur les parkings autorisés, ils s'installent pour la journée, et les déchets emmagasinés sont en général laissés dans des poubelles qui débordent en haute saison sans être emportées dans des déchetteries ou des conteneurs plus

grands. Les sites du Conservatoire du Littoral interdits à la pratique sont partout envahis.
Quand vous arrivez sur un site, il faut donc qu'il soit autorisé d'y entrer, que vous gariez votre véhicule sur un lieu que vous ne dénaturez pas, que vous gardiez déchets et eaux usées jusqu'à trouver le site de recyclage adéquat, et que vous portiez votre planche jusqu'au bord de l'eau sans la poser sur une zone fragile d'un point de vue écologique.

Wax de la planche

La cire est baptisée dans l'univers du surf sous le nom de wax ou surf wax et permet au surfeur de ne pas déraper une fois monté sur la planche : on frotte le pain de cire puis on gratte la couche avec un peigne dédié pour la travailler et lui donner la texture recherchée.
Cette cire est généralement composée d'un mélange de paraffine et de cire d'abeille parfois parfumé artificiellement. Il existe différentes variétés de cires adaptées à la température de l'eau dans laquelle se pratique le sport de glisse. Aussi, vérifiez la présence exclusive de composants naturels. Fuyez les colorants et les arômes qui polluent la mer, mais surtout l'environnement dans lequel vous cirez et peignez.
Dans les magasins de surf et sur les sites internet, on trouve nombre de marques *ecofriendly* et certaines fabriquées en France, pour être encore plus respectueux de l'environnement. Le plus écologique est de surfer sur la tendance *Do it yourself* et fabriquer votre propre wax.

Idée recette

Avec 40 g de gomme arabique râpée ou écrasée au pilon puis fondue dans un peu d'eau à 70 °C, et ensuite mélangée au bain-marie à 140 g de cire d'abeille jaune et 40 g d'huile de coco, vous obtenez une wax adhérente dans une mer dont la température est comprise entre 10 et 15 °C.

Protection solaire

Les surfeurs ont lancé la mode de l'écran total coloré posé sur le visage à la manière des guerriers va-t'en guerre, en traces horizontales sur les parties exposées de la peau.
Là encore, des gammes biologiques se sont développées ainsi que des marques françaises respectueuses de l'environnement marin, en particulier des coraux.
Pour vous laver, utilisez des produits naturels, surtout si vous campez ou prenez une douche en extérieur.

VOILE (AU PORT ET SUR L'EAU)

Quand vous embarquez, toutes vos activités à bord aussi anodines que se laver les dents, cuisiner, rincer le pont, trier les boutes, recoudre les voiles et uriner ont un impact sur la mer.
Pour limiter vos déchets, embarquez des ingrédients emballés dans du papier, ou achetés en vrac que vous conserverez dans des boîtes hermétiques à l'humidité. Ainsi, vous n'aurez pas trop de déchets à gérer lors des escales.

Règle pour le mouillage

Les fonds marins sont fragiles et les ancrages peuvent détériorer certaines espèces protégées, comme la posidonie, une plante aquatique qui fleurit sous la mer et forme de vastes herbiers indispensables à l'écosystème marin de la Méditerranée. Son équivalent en Atlantique, la zostère, vit également dans des zones protégées.
Voici quelques règles à observer :

- choisissez votre mouillage en fonction du fond. Jetez l'ancre sur une zone sableuse que l'on reconnaît à sa couleur claire. S'il n'y en a pas, préférez les rochers plutôt que les zones tapissées de vie végétale. Toute zone coralligène est à proscrire ;
- prévoyez une longueur de chaîne suffisante ;
- relevez l'ancre à l'aplomb du bateau afin de ne pas la laisser déraper et « labourer » tous les fonds. Connaître les courants permet d'anticiper ce problème. En investissant dans un orin, un cordage fixé au diamant de l'ancre et maintenu en surface par

une bouée, vous évitez les situations de blocage. En tirant sur l'orin l'ancre bascule et se libère ;
- usez des mouillages fixes lorsque les sites en sont équipés !

Rejet des eaux sales

Le rejet des eaux usées des bateaux de plaisance fait l'objet d'une réglementation de plus en plus stricte, et les obligations imposées aux bateaux récents seront généralisés à tous les bateaux dans les années à venir.
Il existe deux familles d'eaux usées :

- les **eaux noires**, issues des toilettes et w.-c., s'éliminent naturellement à condition de ne pas être concentrées par exemple dans un mouillage. Dans ce cas, l'impact sur l'homme avec un risque de propagation de bactéries et de virus devient plus réel que sur l'environnement marin ;
- les **eaux grises**, engendrées par les nettoyages de la vaisselle, des bateaux et des plaisanciers, paraissent moins sales alors qu'elles polluent plus car les produits de lavage contiennent différents produits d'origine chimique non biodégradables, notamment les tensioactifs qui assurent la dispersion des corps gras dans l'eau.

  Afin d'éviter la pollution par ces eaux grises :
  - utilisez les sanitaires du port reliés au réseau des eaux usées de la commune pour faire vos lessives ;
  - sur le pont, privilégiez les lavages mécaniques à coups de brosse et de balai et de jet d'eau haute pression, et bannissez tous les détergents.

Adoptez aussi des produits de lavage totalement biodégradables.

Toutefois, les pires d'un point de vue écologique sont les **eaux de fond de cale** qui contiennent des substances polluantes organiques et des métaux lourds qui s'accumulent dans l'environnement.

La réglementation impose que tous les navires de plaisance construits à partir de 2008, et équipés de toilettes, intègrent soit un bac de rétention (cuve à eaux noires), soit un système de traitement des eaux usées. Les rejets d'eaux noires, grises ou de fond de cale sont strictement interdits dans les ports et dans la zone des 3 milles nautiques. Privilégiez ainsi les ports dont vous savez que les postes de pompage fixe sont opérationnels et ouverts au moment de votre arrivée ou vos besoins. Certains ports plus engagés que d'autres (le premier fut Crouesty dans le Golfe du Morbihan en 2011) proposent des services de postes de pompage déportés plus facile d'accès sur les pontons et désormais équipés de sorties pour les eaux de cale et les huiles.
Le risque encouru en cas d'infraction est de 4 000 euros d'amende pour un bateau de moins de 20 m.
Le rejet au-delà de la zone des 3 milles est autorisé si le bateau est équipé d'un système de broyage et de désinfection. L'absence de ce système l'oblige à évacuer les eaux usées non broyées ni désinfectées qu'à plus de 12 milles. Le rejet doit s'opérer à une vitesse supérieure à 4 nœuds afin que ces eaux se dispersent vite et soient « délayées ».

Les toilettes installées sur un bateau doivent être uniquement raccordées à un système de rétention (cuve à eaux noires) ou à un système de traitement des eaux usées.

Si votre bateau est ancien, vous pouvez équiper l'embarcation de cuves de récupération des eaux noires et vidanger dans les stations portuaires dédiées. Encore mieux, vous pouvez investir dans un système de traitement à bord de ces eaux usées. Le *nec plus ultra* reste le principe des toilettes sèches (toilette à litière bio maîtrisée) que l'on voit aussi à la campagne ou à la montagne dans des gîtes.

Cela dit, les ports ne sont pas organisés pour réceptionner le compost issu de ces toilettes, que l'on a d'ailleurs interdiction de jeter à la poubelle, ou même dans la nature (l'épandage de compost à base de déjections humaines n'est pas autorisé contrairement à celui provenant de végétaux).

Naturellement, pour l'entretien des sanitaires, choisissez des produits biodégradables. Vous pouvez les récurer avec du bicarbonate de soude saupoudré sur les parois et nettoyer avec un peu de vinaigre blanc.

Entretien principal du bateau : sa coque

L'entretien principal qu'un propriétaire de bateau fait lui-même chaque année concerne la coque. Elle doit être nettoyée, décapée et traitée à la peinture *antifouling*, une sorte de revêtement « antisalissure » extrêmement toxique. En France, plus de 20 000 tonnes sont consommées par an. Le *fouling* désigne le recouvrement

de la coque colonisée par des bactéries, des microalgues, des macro-algues et des coquillages au fil du temps. Ce phénomène naturel peut prendre seulement deux mois. Juste le temps d'un été !
Les peintures *antifouling* étudiées par les autorités de régulation européenne se sont améliorées d'un point de vue écologique depuis une vingtaine d'années.
En janvier 2018, la liste de biocides autorisés par la communauté européenne a encore été réduite à 10 et les applicateurs professionnels sont très surveillés.
Cependant, ces peintures restent mauvaises pour l'environnement et relèvent de la classification « Déchet industriel spécial » (DIS). Les DIS présentent des risques pour la santé et ils doivent être collectés, transportés, traités, éliminés ou stockés selon des règles établies par le Code de l'environnement et la loi du 13 juillet 1992. Pour le travail de la carène d'un bateau, il ne doit donc pas se faire dans votre jardin ou hangar, mais dans un espace professionnel où la collecte et le traitement des effluents sont assurés en circuit fermé. Apporter en déchetterie les résidus de peinture que vous auriez récupéré sur une bâche par exemple est interdit. La plupart des plaisanciers qui refusent de se plier à la réglementation arguent que la peinture *antifouling* se dégrade dans l'eau tout le temps que le bateau est en mer. Ils oublient pourtant que la pollution devient critique avec la concentration des déchets lors du carénage.

VTT

Quoi de plus paradoxal pour un vélo tout-terrain que de ne pas dérouter ! Effectivement, ce type de vélo donne la possibilité technique et l'envie de sortir des chemins balisés. Mais comme le clame haut et fort l'association *Mountain bikers foundation* pour un VTT durable et responsable, des comportements d'aujourd'hui dépendent les accès de demain.

Rester dans le chemin, le paradoxe

En VTT, en bord de littoral, restez sur les chemins balisés et respectez l'environnement. Les sentiers littoraux de type « servitude de passage » sont interdits à tous les vélos. Vous n'écrasez pas une fourmilière, vous ne roulez pas sur les dunes, vous ne vous entraînez pas sur les monticules. Évitez donc d'inquiéter la faune rencontrée et préservez la flore. Plus le terrain est rude et peu fertile, comme les plateaux au sommet des falaises qui reçoivent des embruns et sont battus par le vent, plus chaque pousse est une victoire. Les touffes à ras du sol sont lentes à se développer. Sur les sentiers sablonneux, restez au milieu afin de ne pas provoquer de micro-effondrements de talus.

Bécane bien utilisée
Lors des arrêts, ne laissez pas votre vélo et vos affaires n'importe où. N'affalez pas votre vélo sur les ganivelles qui maintiennent des zones de flore et faune en bord de mer fragilisées en cours de régénération. Toutes les plantes qui s'enracinent dans les dunes jouent un rôle essentiel de maintien du sable. Quand vous repartez, pour rattraper la plage à partir d'un chemin balisé, ne coupez pas perpendiculairement. Deux roues, ça va, mais des dizaines, ça commence à marquer le terrain et ouvrir la voie aux autres VTT, tassant le sol et fragilisant les plantes. Ne laissez aucun déchet sur votre lieu de repos, même organique !

http://mbf-france.fr

PETITE CHARTE DES ÉCOGESTES DE BASE

1 Tu rapporteras les déchets chez toi au lieu de remplir les poubelles de bord de mer.

2 Tu utiliseras les poubelles spécifiques dans les ports.

3 Tu plongeras dans la mer sans meurtrir la faune, sans arracher la flore en dehors du cadre légal.

4 Tu ne bouleverseras pas le paysage, les niches écologiques en pêchant.

5 Tu vogueras en bateau, en kayak ou sur une planche le plus légèrement possible sans laisser de traces dans ton sillage.

6 Tu ne pollueras pas en t'enduisant de soins cosmétiques qui ruinent l'environnement de la mer et ses habitants. Et tu t'équiperas pour tes activités sportives en écoproduits français.

7 Tu banniras le plastique dès que tu « es à la mer », chez toi ou à l'extérieur.

8 Tu t'informeras auprès des associations de protection de la mer sur les interdictions ou conseils dans ta pratique.

9 Tu militeras en organisant une collecte de déchets sur ton spot préféré et tenteras de prêcher la bonne parole écologique.

10 Tu recycleras ton matériel en déposant ta planche de surf, paddle, bodyboard en polystyrène dans l'un des magasins pourvu d'un bac de récupération Resurf. La matière première est recyclée en France et peut être à nouveau transformée en planche.

REMERCIEMENTS

Sylvie Pincemin

Yves Bertheau, chercheur au MNHN

Jean-Marie Pédron, des Jardins de la mer

Éric Marion, professeur de kayak sur la presqu'île de Quiberon

Anne-Gaëlle de La Grande randonnée à cheval sur la presqu'île de Quiberon

ADRESSES UTILES

Char à voile

Fédération française de char à voile
www.ffcv.org

Plongée

Fédération française d'études et de sports sous-marins
https://ffessm.fr

Concernant la protection solaire

Fondation pour la Recherche sur la biodiversité
www.fondationbiodiversite.fr/eviter-les-cremes-solaires-nefastes-pour-la-vie-marine/

Randonnées

Fédération française de la randonnée pédestre
www.ffrandonnee.fr

http://amisdescheminsderonde35.fr/index.php/accueil/

- Pour le longe côte

www.ffrandonnee.fr/_249/la-marche-aquatique-cotiere.aspx

- Pour la marche nordique

www.ffrandonnee.fr/_34/la-marche-nordique.aspx

Surf

Fédération française de surf
www.surfingfrance.com
https://blog.surf-prevention.com

Pêche de loisir en mer

www.service-public.fr/particuliers/vosdroits/F2118

Pêche à pied

www.pecheapied-loisir.fr

Pour suivre les préceptes, conseils et réglementations de la plaisance écologique

http://seme.cer.free.fr/plaisance/index.php
https://www.ecologique-solidaire.gouv.fr/politiques/plaisance-et-loisirs-nautiques

Algues

www.algues-alimentaires.com

Informations naturalistes sur la biodiversité sur le littoral

www.patrinat.fr/fr

Direction : Guillaume Pô
Direction éditoriale : Élisabeth Pegeon
Édition : Sandrine Vincent
Direction artistique : Isabelle Mayer
Mise en page : Catherine Enault
Direction de fabrication : Thierry Dubus
Suivi de fabrication : Florence Bellot
1re édition - N° d'édition : V20022
ISBN : 979-1-0271-0447-5
Code MDS : VA10236

Cet ouvrage est imprimé de façon écoresponsable,
avec des encres végétales et sur du papier issu de forêts gérées
durablement, par un imprimeur français certifié PEFC™.
Achevé d'imprimer en France, par Estimprim, ZA La Craye, 25110 Autechaux.

Dépôt légal : février 2020
www.vagnon.fr

Fabriqué en France

Certifié PEFC
Ce produit est issu
de forêts gérées
durablement et de
sources contrôlées.
PEFC™
10-31-1093
pefc-france.org

IMPRIM'VERT®